AF337725

PROCÈS-VERBAL

DES

DÉLIBÉRATIONS

DE l'Assemblée Coloniale de la Guadeloupe, tenue au mois de Janvier 1788, en vertu de l'Ordonnance du Roi, du 17 Juin 1787.

A LA GUADELOUPE,

De l'Imprimerie de la Veuve BÉNARD, Imprimeur du Roi.

M. DCC. LXXXVIII.

PROCÈS-VERBAL

Des Délibérations de l'Affemblée Coloniale de la Guadeloupe, tenue au mois de Janvier 1788, en vertu de l'Ordonnance du Roi du 17 Juin 1787.

Extrait des Regiftres des Délibérations de l'Affemblée Coloniale de l'île Guadeloupe & Dépendances.

L'An mil fept cent quatre-vingt-huit, le troifieme jour du mois de Janvier, les Députés des différentes Paroiffes de la Guadeloupe & Dépendances, élus en vertu de la Lettre circulaire écrite par Meffieurs les Général & Intendant, portant convocation pour ce jour de l'Affemblée Coloniale établie en cette île, par Ordonnance du Roi du 17 Juin 1787. Se font rendus dans la Salle du Gouvernement, lieu indiqué pour tenir ladite Affemblée, où ils ont pris féance dans l'ordre fuivant, après avoir juftifié de leur nomination par l'extrait en forme que chacun d'eux a repréfenté, & qui, pour cette fois, a été vérifié & admis par Meffieurs les Général & Intendant.

PREMIERE
SÉANCE.

ORDRE DE SÉANCE.

A un des bouts de la Salle & dans le milieu, M. le Baron de Clugny, Capitaine des Vaiffeaux du Roi, Gouverneur des îles Guadeloupe & Dépendances, Infpecteur des Troupes & Milices defdites îles, premier Commiffaire de Sa Majesté, préfident l'Affemblée :

A

A fa droite, M. Foullon d'Écotier, Chevalier, Confeiller du Roi en fes Confeils, Maître des Requêtes ordinaire de fon Hôtel, Intendant de Juftice, Police, Finances, Guerre & Marine des fufdites îles, fecond Commiffaire de Sa Majesté :

A gauche du Gouverneur, M. Defnoyers, Commandant en fecond par intérim :

Enfuite M. Vian, plus ancien Commiffaire des Colonies, MM. le Cointre de Berville, & Chabert de la Chariere, Députés du Confeil-Souverain de cette île, en vertu de la délibération dont-ils ont remis l'Extrait :

MM. les Députés des Paroiffes, en obfervant entre eux la préféance accordée à l'ancienneté de l'âge par l'Article X de l'Ordonnance.

SAVOIR :

MM.

Boyer de l'Etang, Député de la Paroiffe de la Goyave, de la Guadeloupe.

Martinot, *idem*, de la Paroiffe de Sainte-Anne, de la Grande Terre.

Defmerliers de Longueville, *idem*, de la Paroiffe de la Baye-Mahault, de la Guadeloupe.

Pupil Dufablon, *idem*, de la Paroiffe du Parc, de la Guadeloupe.

Bruny de Chateaubrun, *idem*, de la Paroiffe du Petit Cul-de-Sac, de la Guadeloupe.

Faydel, *idem*, de la Paroiffe du Gozier, de la Grande Terre.

Fidelin, *idem*, des Paroiffes des îles des Saintes.

De Coulanges, *idem*, de la Paroiffe du Lamentin, de la Guadeloupe.

Audinet, *idem*, de la Baffe-Terre & Bourg S. François, pour les Propriétaires de Maifons.

Coudroy de l'Iflet, *idem*, de la Paroiffe du Moulle, de la Grande Terre.

Longueteau, *idem*, de la Paroiffe de la Baffe-Terre, de la Guadeloupe.

Thouluyre-Mahé, *idem*, de la Ville Pointe-à-Pitre, pour les Propriétaires de Maifons.

Radeling de Ravainn, *id.* de la Paroiffe de Deshayes, de la Guadeloupe.

Paviot, *idem*, de la Paroiffe du Port-Louis, de la Grande-Terre.

De St. Cyran, *idem*, de la Paroiffe de St. François, de la Grande Terre.

Coquille, *idem*, de la Paroiffe de la Capefterre, de Marie-Galante.

Dumoulier de la Combe, *idem*, de la Paroiffe du Grand Bourg de M. G.

Godet, *idem*, de la Paroiffe de la Capefterre, de la Guadeloupe.

Doüillard, *idem*, de la Paroiffe de l'Ance-Bertrand, de la Grande-Terre.

Marre, *idem*, de la Paroiffe des Trois-Rivieres, de la Guadeloupe.

Bontoux de la Blache, *idem*, de l'île de la Défirade.

Defmarais, *idem*, de la Paroiffe de Bouillante, de la Guadeloupe.

Chabert de l'Ifle, *id.* de la Paroiffe S. François B.-T., de la Guadeloupe.

Mamiel-Marieulle, *id.*, de la Paroiſſe du Morne-à-l'Eau, de la G^{de} T^{re}.
Dothemar-Joubert, *idem*, de la Paroiſſe des Abîmes, de la Grande Terre.
Brun-Beaupein, *idem*, de la Paroiſſe du Baillif, de la Guadeloupe.
Le Ch^{er}. Mauret, *id.* de la Paroiſſe du grand Cul-de-Sac, de la Guadeloupe.
Rouſſel, *idem*, de la Paroiſſe du Vieux-Fort, de Marie-Galante.
Poirier, *idem*, de la Paroiſſe de la Pointe-Noire, de la Guadeloupe.
Chérot la Saliniere, *idem*, de la Paroiſſe du Petit Canal, de la G^{de} T^{re}.
Mercier, *idem*, de la Paroiſſe du Vieux-Fort, de la Guadeloupe.
Romain la Caze, *idem*, de la Paroiſſe des Habitants, de la Guadeloupe.

Les Places priſes dans l'ordre ci-deſſus, M. le Général a fait l'ouverture de l'Aſſemblée par le Diſcours ſuivant, qui a été précédé de la lecture de l'Ordonnance du 17 Juin 1787, & de la Lettre du Miniſtre en date du 7 Juillet ſuivant.

MESSIEURS,

L'Ordonnance du Roi, en vertu de laquelle cette aſſemblée a été convoquée, vous eſt un gage précieux des vues bienfaiſantes de Sa Majeſté ; ſans ceſſe occupée du bonheur de ſes Peuples, Elle donne une égale attention à ſes poſſeſſions éloignées, comme à celles qui ont l'avantage d'être plus rapprochées de ſes regards ; ce ſont, Meſſieurs, les expreſſions de Sa Majeſté.

Perſonne de vous, Meſſieurs, n'ignore la preuve éclatante de confiance que notre Auguſte Monarque a donné à ſes Sujets, en appelant auprès de lui une nombreuſe partie des Notables de ſon Royaume, pour les conſulter ſur le plus grand avantage de l'Etat. Je m'abſtiendrai de rappeler ici ce qui nous a été tranſmis des réſultats de cette Illuſtre Aſſemblée, mais entre tous les biens qu'elle a produits, il n'en eſt certainement point de plus cher aux François que l'établiſſement des Aſſemblées Provinciales, qui en rendant les Peuples l'inſtrument de leur proſpérité, ſemblent rapprocher les Sujets du Monarque.

Il n'a point échappé à Sa Majeſté, lorſqu'Elle a adopté cette nouvelle forme, que tout ce qui eſt ſoumis à ſa puiſſance, avoit des droits à ſa bonté paternelle ; elle a étendu la faveur de cet établiſſement ſur ſes Sujets des Colonies : que ce bienfait, Meſſieurs, ſoit à jamais gravé dans vos cœurs, & qu'il ajoute encore, s'il eſt poſſible, aux ſentimens d'amour & de reſpect que vous lui avez juré, & dont vous lui avez très-récemment donné des preuves, en contribuant avec zèle à la défenſe de la Colonie.

Il ſemble que toutes les circonſtances ſe ſoient réunies pour rendre cette Aſſemblée à jamais mémorable. Non-ſeulement elle a lieu dans le moment où nous apprenons que Sa Majeſté, déployant ſa puiſſance, en a impoſé à toute l'Europe & a forcé ſes voiſins d'accepter ſa médiation dans la cauſe de

Diſcours de M. le Baron de Clugny.

fes fidels Alliés, ce qui a rendu la tranquillité à la plus belle partie du monde, menacée d'un embrafement général, mais encore, Meffieurs, elle s'ouvre fous les plus heureux aufpices ; puifque c'eft, pour ainfi-dire, en préfence de la perfonne facrée de Sa Majefté, qui a bien voulu honorer cette Colonie de fon Portrait. * Il eft, Meffieurs, devant vos yeux. Ce nouveau bienfait de Sa Majefté, exige un nouveau tribut de notre reconnoiffance ; vous ne pouvez la lui mieux témoigner, fans doute, qu'en appréciant bien votre affociation à certains égards, au pouvoir légiflatif, & en ne perdant jamais de vue que vous tenez de la bonté du Roi, la part qu'il vous affigne dans l'adminiftration générale de la Colonie. Jaloux de conferver cette prérogative, vous ne fortirez jamais des bornes de votre inftitution, & vous refpecterez l'autorité première. L'ordre & la décence régneront dans vos Affemblées, & chacun concourera à tout ce qui peut affurer à la Colonie, le degré de profpérité où doit la porter la fertilité excitée par l'Agriculture & le Commerce.

Je fens, comme je le dois, Meffieurs, l'honneur que j'ai de préfider la premiere Affemblée convoquée en vertu de l'Ordonnance de Sa Majefté, & je fuis heureux d'avoir contribué à vous faire obtenir une Loi qui vous annonce, elle-même, les avantages que vous devez en retirer, puifqu'elle a pour objet, non-feulement de vous attacher perfonnellement à vos établiffemens, en donnant plus de ftabilité à vos fortunes, mais encore d'éclairer l'Adminiftration par l'expérience des Habitans les plus accrédités dans tous les objets qui concernent l'affiette & la jufte répartition de l'Impôt, le Commerce, l'Agriculture, les travaux intérieurs, & en général l'utilité comme la profpérité de la Colonie.

Vous regrettez fans doute avec moi, Meffieurs, que les premiers fruits qui vont éclore du réfultat de cette Affemblée, ne foient point offerts au Miniftre vertueux & bienfaifant à qui vous devez votre inftitution. Combien fon nom ne doit-il pas être cher aux Colons ! Au milieu de la guerre la plus active & dont l'effort fe portoit principalement dans cette partie du monde, il a affuré votre tranquillité pendant fon miniftere ; des flottes nombreufes, fous l'efcorte la plus formidable, vous apportoient les denrées d'Europe & y verfoient, avec fûreté, le produit de vos habitations. Vous l'avez vu, lorfqu'il a plu à Sa Majefté de donner la paix à fes Ennemis, rompre les barrieres qui fermoient l'entrée de vos Ports aux productions étrangeres, &, par une jufte combinaifon, fervir vos intérêts, fans nuire à ceux du Commerce de la Métropole : mais fi quelque chofe peut réparer la perte que nous avons faite, fans diminuer les fentimens que nous devons à M. le Maréchal de Caftries, c'eft de voir que Sa Majefté à choifi pour le remplacer, un Miniftre auffi jufte qu'éclairé, & qui a une connoiffance parfaite du régime des Colonies.

La Guadeloupe a un avantage précieux, elle a poffédé affez de temps

M.

*Le Portrait du Roi venoit d'arriver & avoit été placé, la veille, dans la falle du Gouvernement où le tenoit l'Affemblée.

M. le Comte de la Luzerne, pour qu'il ait emporté une jufte idée de l'importance de cette Colonie, & des progrès qu'elle a encore à faire, pour arriver au degré de fplendeur dont-elle eft fufceptible.

Vous ne devez pas douter, Meffieurs, que nous ne marquions autant d'empreffement à feconder vos vues patriotiques, qu'à faifir les moyens que vos lumieres nous indiqueront pour la profpérité & l'utilité de la Colonie.

Il ne me refte plus, Meffieurs, qu'un défir à former : c'eft, en confacrant toutes mes facultés au bien du fervice du Roi & de la Colonie, de n'avoir que de bons témoignages à rendre à Sa Majefté, de fes fidels Sujets de la Guadeloupe, de conferver l'eftime publique, & particulierement celle des Membres qui compofent cette Affemblée.

M. le Général ayant ceffé de parler, M. l'Intendant a dit :

Meffieurs,

Malgré l'empreffement que j'ai d'entretenir l'Affemblée, je fuis forcé de différer mon difcours au moment où elle s'occupera de l'Impofition, parce qu'il eft néceffairement lié à des objets d'examen que je mettrai alors fous fes yeux, & qui feront le fujet de mes obfervations.

M. l'Intendant ayant ceffé de parler, MM. les Députés du Confeil fe font levés & ont dit :

Meffieurs,

Le Confeil-Supérieur, en procédant à l'enregiftrement de l'Ordonnance, en vertu de laquelle vous avez convoqué cette Affemblée, a annoncé les témoignages de la fatisfaction publique que la Colonie fait connoître elle-même, aujourd'hui, par fes Députés.

Il vous refte, Meffieurs, à l'un & à l'autre, une gloire à acquérir, après celle qui eft due au Chef, qui, par l'effet des comptes qu'il a rendu au Miniftre, fur les Affemblées de la Colonie, nous a procuré cette conftitution bienfaifante ; c'eft d'en affurer les avantages par la liberté des formes que vous adopterez ; c'eft de tracer, d'avance, à vos fucceffeurs, l'exemple qu'ils doivent fuivre dans ces Affemblées, pour captiver la confiance de la Colonie.

Si c'eft, pour elle, un avantage inappréciable d'expofer, elle-même, fes befoins aux Chefs qui la gouvernent, ces Chefs éprouveront, à leur tour, combien il doit-être fatisfaifant pour eux, de pouvoir la confulter fur les projets qu'ils formeront pour fa profpérité & pour leur gloire.

C'eft dans ces Affemblées, qu'ils viendront chaque année, recueillir les témoignages de l'affection publique. Ils ne les recevront pas dans des dif-cours d'appareil, confacrés à la flatterie, & que le cœur défavoue ; ils les verront s'exprimer fur les vifages fatisfaits, dans l'extérieur que donne la confiance, & la franchife qu'elle permet aux opinions.

Mais fi la Colonie avoit jamais à fe plaindre de fes Adminiftrateurs, ils trouveroient, dans ces mêmes Affemblées, la cenfure publique, que la retenue

& le silence devroient, seuls, faire connoître, mais qu'ils exprimeroient assez.

Les Magistrats doivent l'exemple du respect envers l'autorité, & ils doivent aussi, l'exemple de la vérité. C'est, en remplissant ce double objet de devoir, que les Députés du Conseil-Supérieur, observeront les principes de leur compagnie. C'est, par-là, qu'ils esperent mériter l'estime des Chefs & la bienveillance de l'Assemblée.

Pour nous que le sort de l'élection à favorisé, & qui jouissons, les premiers, de l'avantage d'être ici Colons & Magistrats, nous nous féliciterons de pouvoir unir nos suffrages à ceux de nos Concitoyens, & nous goûtons, d'avance, la satisfaction que nous aurons, Messieurs, de vous offrir, avec eux, les expressions de nos cœurs.

MM. les Députés du Conseil s'étant assis, le plus âgé des Députés des Paroisses (M. Boyer de l'Etang), s'est levé & a dit au nom de l'Assemblée :

Messieurs,

Discours de M. Boyer de l'E-tang, Doyen des Députés.

Je dois, sans doute, m'applaudir d'être, dans cette heureuse circonstance, l'organe de tous les Députés qui composent cette Assemblée, pour vous supplier de vouloir bien leur servir d'interprête auprès de Sa Majesté, & porter, aux pieds du Trône, les sentimens de l'amour des Habitans de la Guadeloupe pour leur Roi, de l'inviolable fidélité qu'ils lui ont juré, & de la respectueuse reconnoissance dont-ils sont pénétrés pour le bienfait que Sa Majesté vient d'ajouter à tous ceux qu'elle a déjà versés sur la Colonie.

Ce tribut de nos cœurs, présenté par vous à Sa Majesté, sera plus favorablement accueilli. Déjà M. le Général avoit obtenu que la Colonie put s'assembler pour répartir, sur elle-même, l'impôt demandé par le Roi & en déterminer l'assiette. Le bien qui parut résulter de l'Assemblée de 1785, porta MM. les Administrateurs, en donnant quelqu'extention à la Loi, à permettre aux Députés de proposer ce qu'ils croiroient avantageux à l'intérêt particulier de leurs Paroisses, & au bien général de la Colonie.

Mais il manquoit une constitution légale à l'Assemblée Coloniale; la sanction du Prince étoit nécessaire : c'est ce qui n'a pas échappé aux regards de Sa Majesté & de son Ministre; & c'est encore à vous, Monsieur, que nous devons d'avoir mis sous leurs yeux, les véritables intérêts de la Colonie & de la Métropole.

Je ne rappellerai point ici, Monsieur, toutes les obligations que vous a cette Colonie, avant & depuis que vous en avez été nommé Gouverneur ; mais je dois, au nom de tous mes Concitoyens, vous offrir l'hommage qui est si légitimement dû à vos vertus Morales & Militaires.

Quoique menacés d'une invasion subite, nous n'avons point été allarmés ; votre habileté & votre prévoyance nous rassuroient. Nous avons vu les sages précautions que vous preniez pour la défense de la Colonie, le zèle

& la précifion avec lefquels les Officiers, chargés de l'exécution de vos ordres, s'en font acquittés. Malgré les immenfes difpofitions que vous avez faites dans le court efpace de fix femaines, le repos des Villes & des Campagnes n'a point été troublé. Quelle confiance n'avons nous pas dû avoir dans nos défenfeurs & dans celui qui dirigeoit leurs mouvemens ? Pour nous, animés du même efprit, nous vous avons témoigné notre empreffement, en allant au devant de vos demandes.

Il me refte, Monfieur, à vous offrir le vœu unanime de tous mes Concitoyens, qui eft de vous voir occuper, encore long-temps, une place que vous rempliffez auffi avantageufement pour le fervice du Roi & le bonheur de cette Colonie.

Nous devons à Monfieur l'Intendant, les témoignages de notre confiance. La Colonie fe promet les plus heureux effets de fes travaux, & des vues fages qu'il a adoptées pour fa profpérité.

Le difcours de l'Affemblée fini, M. le Général a dit :

Meffieurs ,

Il y a plufieurs objets indiqués par l'Ordonnance, dont l'Affemblée doit s'occuper immédiatement après fa formation. Le premier eft la nomination du Secrétaire. Vous allez y procéder, en obfervant la forme prefcrite par l'Ordonnance.

En conféquence, la boëte, deftinée au fcrutin, ayant été préfentée, pour cette fois, par un des Députés des Paroiffes, & l'examen des billets ayant été fait enfuite par deux Commiffaires nommés dans l'Affemblée, la pluralité des fuffrages, a été reconnue en faveur de M. Coquille de St. Remi, que M. le Général a donné ordre de faire avertir.

M. Coquille de St. Remi s'étant préfenté, M. le Général lui a fait part de fa nomination, & lui a indiqué fa place au bureau qui étoit préparé au-deffous & en face de MM. les Général & Intendant, où ledit Secrétaire s'eft affis. Les divers regiftres qui doivent fervir, tant pour les délibérations de l'Affemblée, que pour les féances du Comité intermédiaire qui fera élu, ont été cottés & paraphés par MM. les Commiffaires du Roi, & l'Affemblée a arrêté que le Secrétaire en demeurera dépofitaire, ainfi que des regiftres, titres & papiers de la Chambre d'Agriculture, dont il eft déjà en poffeffion, & qui feront partie des archives de l'Affemblée Générale & du Comité.

A arrêté auffi l'Affemblée, que les extraits juftificatifs de la nomination des Députés du Confeil, des Paroiffes & des Villes, refteront dépofés auxdites archives.

Le préfent Procès-verbal de tout ce qui a été fait & délibéré ci-deffus, a été, de fuite, rédigé par M. l'Intendant, & écrit fur le regiftre par le Secrétaire.

Après quoi, l'Assemblée s'est occuppée d'arrêter la liste des Députés qui doivent sortir d'exercice, après la révolution de deux ans, conformément à l'article IV de l'Ordonnance ; &, pour mieux répartir la décision du sort, elle a arrêté que les Députés des Paroisses de la Guadeloupe, tireront au sort entre eux seuls ; qu'il en sera usé, de même, pour les Députés des Paroisses de la Grande-Terre, en y joignant celui de la Désirade, & pour les Députés de Marie-Galante, conjointement avec celui des Saintes ; qu'à l'égard des deux Députés des Villes, ils tireront au sort ensemble, ce qui a été exécuté.

La liste des Députés, dont le sort à fait cesser l'exercice, après la révolution de deux ans, a été dressée par le Secrétaire, vérifiée & remise à M. le Général, qui en a fait faire lecture à haute voix, pour être, de suite, transcrite sur le présent Procès-verbal.

Liste des Députés qui doivent sortir d'Exercice dans deux ans.

DE L'ISLE GUADELOUPE.

St. François Basse-Terre, MM. . .	Chabert de l'Isle.
Petit Cul-de-Sac, ...	Bruny de Chateaubrun.
Baye-Mahault, ...	Desmerliers de Longueville.
Les Trois Rivieres, ...	Marre.
Lamentin, ...	de Coulanges.
Grand Cul-de Sac, ...	le Chevalier Mauret.
Deshayes, ... , ...	Radeling de Ravainn.
Basse-Terre, ...	Longueteau.

DE LA GRANDE-TERRE GUADELOUPE.

Le Moule, MM.	Coudroy de Lilet.
Le Port-Louis, ...	Paviot.
Le Gozier, ...	Faydel.
Sainte-Anne, ...	Martinot.
Saint-François, ...	de St. Cyran.

MARIE-GALANTE ET LES SAINTES.

Le Grand Bourg, MM. . . .	Dumoulier de la Combe.
Les Saintes, ...	Fidelin.

DÉPUTÉS DES PROPRIÉTAIRES DE MAISONS.

La Pointe-à-Pitre, M.	Thouluire Mahé.

L'Assemblée

L'Affemblée devant à préfent procéder au choix des Membres du Comité, il a été arrêté qu'il auroit lieu par la voie du fcrutin, & que les Députés des propriétaires de maifons des deux Villes, ne feront point exclus de
l'élection; mais qu'ils ne pourront, en cas qu'ils foient élus, préfider le
Comité, ce qui a été ainfi réglé provifoirement par l'Affemblée, en con-
férant enfemble les articles IV & XI de l'Ordonnance, jufqu'après l'ex-
plication qu'il plaira à Sa Majefté de donner, laquelle fera demandée par
MM. les Général & Intendant.

Sur quoi, M. le Général a repréfenté à l'Affemblée que chacun devoit,
en donnant fa voix au fcrutin, obferver la combinaifon prefcrite par l'article XII, afin qu'il y ait toujours un mélange, le plus égal qu'il fera
poffible, d'anciens & de nouveaux Commiffaires.

La boëte du fcrutin ayant été préfentée par le Secrétaire, & l'examen
des billets fait enfuite par deux Commiffaires, la pluralité des fuffrages
s'eft trouvée en faveur de MM. Martinot, Audinet, Bruny de Chateaubrun, Doüillard, Marre & Godet, qui en conféquence formeront le Comité établi par l'Ordonnance & en rempliront les fonctions.

M. le Général a dit alors :

Meffieurs ,

En conformité, de l'article XIII de l'Ordonnance, Sa Majefté permet à
l'Affemblée Coloniale de la Guadeloupe, d'avoir un Député à Paris, pour
correfpondre avec elle ou avec le Comité, fur les objets concernant les
intérêts de la Colonie. Voulez-vous bien vous en occuper ?

L'Affemblée a arrêté que l'élection à faire auroit lieu par fcrutin, &
ayant été mis en queftion dans la délibération par un des Députés, fi les
feuls propriétaires de terres doivent être admis à l'élection, M. le Général
a pris fur cela les voix de l'Affemblée, & il a été arrêté, que les feuls
Propriétaires de terres pourroient être élus au nombre des trois fujets qui
doivent être propofés au choix de Sa Majefté. Le fcrutin pour cet objet
a été exécuté par la remife que chacun des délibérans a fait dans la boëte,
d'un billet où étoient écrits les noms des trois fujets qu'il a préféré, examen
en a été fait enfuite par deux Commiffaires, & la pluralité des fuffrages
a été reconnue en faveur de MM. de la Villarde, Chabert de la Chariere
& Coquille Dugommier, les deux premiers, Confeillers au Confeil Supé-
rieur, le troifieme, Chevalier de St. Louis, ancien Officier des Troupes
de la Marine, & tous trois propriétaires d'habitations ; en conféquence
l'Affemblée a élu lefdits Sieurs pour être propofés à Sa Majefté, & par
elle nommer celui d'entre eux qu'elle jugera à propos de préférer pour
être le député de la Colonie, à l'effet de quoi, extrait du préfent Procès-
verbal fera remis à Meffieurs les Général & Intendant, pour être par eux

adreffé au Miniftre & Secrétaire d'Etat, ayant le Département de la Marine & des Colonies.

Ce fait, Meffieurs les Commiffaires du Roi, ont indiqué la continuation de l'Affemblée à Samedi cinq du préfent mois, huit heures du matin, au même lieu, & ont figné le préfent Procès-verbal, Meffieurs les Commiffaires du Roi, les Membres compofant l'Affemblée, & le Secrétaire. Signé Clugny, Foullon d'Ecotier, Defnoyers, Vian, le Cointre de Berville, Chabert de la Chariere, Boyer de l'Etang, Martinot, Defmerliers de Longueville, Bruny de Chateaubrun, Dumoulier de la Combe, Chabert de de l'Ifle, Poirié, Chérot la Saliniere, Thouluire Mahé, Eidelin, Coudroy Lilet, Mamiel Marieulle, Brun Beaupein, Dothemar Joubert, Radeling de Ravainn, Romain la Caze, Pupil du Sablon, Mercier, de Coulanges, Godet, Longueteau, le Chevalier Mauret, Faydel, Coquille, Guillaume Audinet, Rouffel, Marre, Paviot, Bontoux de la Blache, Doüillard, de St. Cyran & Coquille de St. Remi, Secrétaire.

Du Samedi 5 Janvier 1788, huit heures du matin.

SECONDE SÉANCE.

L'Affemblée coloniale ayant pris féance en la Salle du Gouvernement, en conformité dn Procès-verbal du 3 de ce mois, & y étant Meffieurs les Commiffaires du Roi, M. le Commandant de la Grande Terre, M. le plus ancien Commiffaire des Colonies, MM. les Députés du Confeil, & tous ceux des Paroiffes & des Propriétaires de Maifons, il a été fait lecture dudit Procès-verbal, & l'Affemblée a demandé que la Lettre du Miniftre du 7 Juillet 1787, dont lecture a été faite à la Séance précédente, foit & demeure dépofée aux archives de l'Affemblée, ce que Meffieurs les Commiffaires du Roi ont promis de faire, en remettant copie en forme de ladite Lettre au Secrétaire qui fera tenu d'en dreffer acte.

M. le Général a propofé enfuite à l'Affemblée de s'occuper de l'Impofition ; & alors M. l'Intendant a dit :

Meffieurs,

Difcours de Mr. Foullon d'Ecotier.

La Politique, les Arts & la magnificence ont tour à tour fignalé le regne des Rois & confacré leur mémoire ; aujourd'hui le bonheur des Peuples & l'établiffement des Loix qui peuvent l'affurer, font la feule ambition de LOUIS XVI. Forcé, pour la fûreté de fon Royaume & pour en augmenter l'éclat, de leur demander des fubfides, il fe prive pour en allégèr le poids, des douceurs & du fafte du Trône ; fes jours font comptés par des actes de bienfaifance & de juftice, il ne veut enfin que le tribut libre de l'amour de fes Sujets.

Tel eft, Meffieurs, l'efprit de la Loi qui nous raffemble, & vous appréciés

[11]

fans doute toutes les obligations qu'elle vous impofe envers la Patrie. Vous n'êtes pas moins pénétrés de toutes celles que vous avez au fage & vertueux Miniftre * à qui la Marine, le Commerce & les Colonies doivent leur profpérité. Ce dernier gage de fa bienveillance lui éleve dans vos cœurs des monumens plus durables que ceux que fa modeftie lui a fait refufer. *

Etablis par vos concitoyens pour défendre & protéger leurs intérêts, vous répondrez à leur confiance par de nouvelles preuves de votre zèle pour le bien public. Affociés en quelque façon à la gloire du Monarque, puifqu'il vous laiffe le choix des moyens de la foutenir, vous vous emprefferez de mettre à fes pieds le gage de votre fidélité & de votre reconnoiffance. Ce fera lui offrir ce gage facré que de porter à fa perfection, dès les premiers momens, l'établiffement falutaire dont vous avez déjà pofé les premieres bafes.

Que ne doit-on point attendre de vos lumieres & de votre fageffe, d'après le choix que vous avez fait de vos Repréfentans ! Les vertus morales & civiles les diftinguent tous & vous garantiffent leur exactitude à remplir vos vœux : fi parmi ceux qui les doivent porter aux pieds du Trône, il exiftoit de la rivalité, l'envie feule de juftifier votre opinion, en feroit la caufe.

Magiftrats vertueux & éclairés, * vous avez reçus la récompenfe la plus flatteufe de vos fervices. Elevés tous les deux par acclamation à la même place, la Colonie défireroit vous en voir partager les honneurs; mais au moins, la préfence de l'un la dédommagera toujours de l'abfence de l'autre.

Et vous Habitant induftrieux, * auffi diftingué par vos connoiffances que par votre efprit, appréciés le fuffrage de vos concitoyens, ils le devoient à vous-même, ils le devoient à vos ayeux.

S'il eft flatteur pour vous, Meffieurs, de prononcer librement aujourd'hui fur vos intérêts, il ne l'eft pas moins pour moi de pouvoir vous en faciliter la connoiffance. Je n'ai pas, comme M. le Général, le précieux avantage d'avoir provoqué la Loi, mais je chérirai toujours celui qui me mettra à portée de veiller à fon exécution.

Vous avez, Monfieur, * plus d'un titre à la reconnoiffance de la Colonie; le plus beau, fans doute, eft celui que vous venez d'acquérir en lui procurant un établiffement qui ne peut qu'augmenter fa profpérité. Vous avez déjà reçu ici plus d'une fois fon hommage, accueillez encore le mien. Si je ne fuis pas habitant de la Guadeloupe, mon défir de la voir heureufe peut y fuppléer. Oui, Meffieurs, je fuis vraiment pénétré de ce fentiment; tous mes efforts tendront à vous en convaincre. Eclairé par votre expérience & par vos lumieres, je ne craindrai pas de m'égarer, & le plus beau jour de ma vie, fera celui où je croirai avoir mérité votre eftime & celle de toute la Colonie.

Je viens, Meffieurs, de vous exprimer mes fentimens particuliers, je vais préfentement remplir les fonctions qui me font départies par la Loi *.

Je dois commencer par rappeller à l'Assemblée, qu'en 1786, la Colonie, également réunie par Députés, adopta une forme d'Imposition absolument nouvelle, celle d'une répartition par Paroisse.

Cette forme avoit sans doute ses avantages, mais elle avoit aussi ses inconvéniens, & l'événement l'a prouvé.

En effet, quoique toutes les non-valeurs possibles, dussent être prévues par les Commissaires des Paroisses, quoique les exemptions dussent être exactement discutées, quoique l'on eut enfin excédé d'environ six mille livres, la répartition *du million* demandé par le Roi, il s'est trouvé dans la perception un déficit de 41,358 livres, 13 sols, 9 deniers.

Ce déficit a eu sa cause dans plusieurs non-valeurs non prévues, & dont la plûpart n'avoient pu l'être, parce que des événemens postérieurs à l'Imposition, y ont donné lieu; il a eu encore sa cause dans quelques exemptions rejettées, & sur lesquelles il a cependant été juste de faire droit, d'après les titres produits, enfin, il a eu sa cause dans l'attribution des Receveurs qui n'avoit pas été calculée lors de la répartition.

Cette somme de 41,358 livres, 13 sols, 9 deniers, auroit été reprise sur l'Impôt de l'année suivante, si les droits d'entrée & de sortie de cette même année 1786, n'avoient servi pour y faire face. Supprimés en 1785, & rétablis par ordre du Roi en 1786, à compter du premier Mai, ils ont produits pendant les huit derniers mois, une somme de 116,179 livres, 19 sols, 11 deniers, sur laquelle ayant prélevé celle qui étoit nécessaire au complément du million, ainsi que je viens de l'expliquer, il est resté un excédent de 74,821 livres, 6 sols, 2 deniers.

Il paroissoit naturel de rejetter cet excédent à 1787, & d'affoiblir d'autant l'Imposition à établir pour cette même année. Déjà nous l'avions obtenus, M. le Général & moi, de la Justice de Sa Majesté, lorsque nous nous sommes vu dans la nécessité de demander, qu'il fut détourné de cette destination, & appliqué à un établissement qui exigeoit un supplément de fonds pour être entierement terminé.

Cet établissement, Messieurs, est celui des Ponts. Le désir de le rendre le moins à charge possible à la Colonie, l'avoit fait entreprendre avec des moyens trop foibles. L'Imposition levée à ce sujet, avec l'autorisation de Sa Majesté, s'est trouvée insuffisante; les sommes allouées à l'Entrepreneur l'ont été aussi. Il a fallu lui accorder des augmentations, & elles ont été déterminées par la nécessité de donner aux Ponts commencés, plus de force & de solidité. Ces augmentions mêmes ont été encore au-dessous des dépenses réelles & indispensables. Il étoit cependant juste de solder les ouvriers, les fournisseurs de chaux, de sable & d'autres matériaux; enfin, de ne pas laisser imparfaites des constructions aussi essentielles, & de les porter au point de perfection où elles devoient être, pour que la Colonie en retirât tous les avantages qu'elle s'en étoit promis.

Mais

Mais les fonds assignés pour ces mêmes constructions étant épuisés, il falloit ou les interrompre, ce qui dès-lors les rendoit nulles, & faisoit tomber toute la dépense en pure perte; il falloit laisser une partie des Ouvriers sans salaires, & une partie des Fournisseurs sans paiement, ou établir une nouvelle imposition capable de remplir ces différens objets.

Nous avons fait part de notre embarras au Conseil-Supérieur, à la Séance de Janvier dernier; nous l'avons consulté sur le parti à prendre dans la dure alternative où nous nous trouvions. Il a pensé, avec nous, qu'il seroit plus convenable d'appliquer à l'achevement des Ponts de la grande Riviere & du Carbet, le net produit du droit local d'un pour cent perçu en 1786, que de gréver la Colonie d'une nouvelle taxe, qui, toute foible qu'elle auroit été, lui auroit paru une surcharge accablante, après celles qu'elle avoit éprouvées.

D'accord avec le Conseil-Supérieur, nous avons demandé au Ministre que le produit du droit d'un pour cent, fut versé à la caisse des Ponts, après toutes fois l'Imposition complétée, ce qui nous a été accordé.

L'excédent de ce produit a été, comme je l'ai dit, de 74,821 liv. 6 sols, 2 deniers, suivant le compte certifié que je mets sur le Bureau : nous espérons qu'il suffira pour éteindre le reste des créances, du moins les plus privilégiées. Nous continuerons, au surplus, d'apporter dans la discussion de ces créances, toute l'attention dont nous sommes capables, afin de ne faire acquitter que celles qui auront véritablement trait à la construction des Ponts, & de rejetter toutes celles qui y seroient étrangeres.

Je passe, Messieurs, à l'Imposition de 1787.

Le Ministre ne nous ayant point autorisé à convoquer une nouvelle Assemblée, nous sommes revenus, pour cette année, à la forme ancienne. En conséquence, l'Imposition a été établie sur la généralité de la Colonie, & l'ensemble a monté à une somme de 986,880 livres, sur laquelle il n'a été perçu, jusqu'à ce jour, que celle de 632,057 livres, 10 sols, ensorte qu'il reste à percevoir celle de 354,822 livres, 10 sols, & que pour atteindre *au millon* demandé par le Roi, il manque environ 378,000 liv.

Je mets également sur le Bureau le compte de cette imposition.

On ne peut se dissimuler qu'indépendamment des non-valeurs ordinaires, les coups de vent de l'hivernage dernier n'en occasionnent d'imprévues, & que celles-ci ne soient considérables. Les difficultés que les Receveurs rencontrent dans la perception, sont l'annonce de ces non-valeurs & du vuide qui en résultera dans le montant de l'Impôt. J'entre sans doute dans vos sentimens, Messieurs, en venant au secours des Colons, sur lesquels les fléaux publics se sont le plus appésantis, ou qui en ont éprouvé de particuliers. J'aurai cependant toujours la balance à la main pour établir, autant qu'il sera possible, une juste proportion entre les soulagemens & les mal-

D

heurs qui les auront néceffité. C'eft à MM. les Commandans des Paroiffes, fur les atteftations defquels je fais expédier mes ordonnances de remifes, à ne certifier que des exemptions bien fondées. Ils ne doivent pas perdre de vue, qu'elles deviennent une nouvelle charge pour la Colonie, & que leur délicateffe feroit refponfable de toutes celles qu'ils auroient provoquées par foibleffe ou par complaifance.

Quoiqu'il en foit, Meffieurs, le déficit fera rempli par le produit du droit local d'un pour cent, tant à l'entrée qu'à la fortie, perçu depuis le premier Janvier, & qui a monté jufqu'aux derniers jours de Décembre, à une fomme de 248,848 livres, 2 fols, 9 deniers.

Il y aura même un excédent qu'on ne peut arbitrer dans ce moment, & qui ne fera connu qu'après la rentrée totale de l'Impofition. Il me paroît difficile, par cette raifon, de le précompter à la Colonie fur l'Impôt qui va être établi pour 1788. Mais, tel qu'il foit, & nous en prenons, M. le Général & moi, l'engagement folemnel, il lui en feroit tenu compte en 1789. Alors elle jouiroit, chaque année, du bénéfice de ce même droit, qui pourroit continuer d'être perçu féparément des autres, & qui n'entreroit pour rien dans l'affiette de l'Impôt. Je crois démontrer fuffifamment la clarté de cet arrangement & l'inconvénient d'en adopter un autre, fans compromettre les intérêts du Roi.

Il eût été fans doute, Meffieurs, plus fatisfaifant pour moi de faire jouir, dès-à-préfent, la Colonie, de l'excédent que je lui propofe pour 1789. Mais les lenteurs de la recette de la derniere Impofition, ne m'ont pas permis d'en arrêter actuellement le compte, fans lequel, je le répéte, je ne puis connoître la fomme à rejetter fur l'année qui commence. Je prévois même qu'il ne pourra l'être que dans quelques mois. La recette de 1788. Ne pourra, non plus, être en activité que vers le milieu de l'année. Il faut cependant que le fervice du Roi fe faffe, & comment pourrois-je y parvenir, fi je me privois de la reffource momentanée que me procure ce même excédent? Je n'ai, pour fubvenir aux dépenfes annuelles de mon Adminiftration, que la fomme prélevée fur la Colonie, & les fonds qui me font envoyés de France; or, ces derniers ne me font encore parvenus qu'en partie, puifqu'il me refte à recevoir environ 250,000 livres, & vous venez de voir que le vuide dans la perception locale, eft très-confidérable. C'eft dans cette pofition, qu'outre les dépenfes courantes, les circonftances des bruits de guerre ont forcé d'en faire d'extraordinaires, que je dois également acquitter. Je crois pouvoir me flatter d'avoir établi folidement le crédit du Roi dans la Colonie. Je défire de l'y maintenir, vous devez défirer vous-mêmes qu'il le foit, mais j'ai befoin, pour y réuffir, de conferver tous les moyens qui me reftent : la privation de la plus foible partie, dérangeroit tout l'ordre de mon travail & de mes foins.

Je vous expofe, Meffieurs, naturellement ma fituation. Je le fais avec la confiance que vous m'infpirez, & je dois efpérer que cette confiance ne fera pas vaine. Il répugne à mon caractere, à mes fentimens pour la Colonie, d'exiger par la force & la contrainte, le tribut des Impofitions; j'y mets, au contraire, toute la douceur & tous les ménagemens qui peuvent dépendre de moi. D'un autre côté, chargé par état de faire acquitter, le plus exactement poffible, les différentes dépenfes du fervice, on me rend, en quelque façon, refponfable des délais que j'y apporte. Je vous prie donc de concerter dans votre fageffe, les moyens de concilier mes obligations avec ma fenfibilité. Le facrifice que je demande, n'en fera pas un pour vous, puifqu'il ne confifte qu'a laiffer aux mains de l'Adminiftration, une jouiffance peu importante pour l'enfemble de la Colonie, & qui ne feroit d'ailleurs, retardée pour elle, que d'une année. Au furplus, Meffieurs, je préfume trop de votre zèle, pour ne pas vous croire capables de plus grands efforts encore, fi nous étions dans le cas d'en exiger de vous, & ce feroit par une conduite auffi généreufe, que vous vous montreriez dignes du bienfait qui vous eft accordé.

Je vais actuellement foumettre à l'Affemblée, les bafes qui doivent fervir à établir l'Impofition de 1788.

L'infidélité dans les dénombremens, ce mal fi préjudiciable à l'intérêt général, & dont nombre d'Habitans ne craignent pas de fe rendre coupables; ce mal qui pèfe fur la claffe la plus indigente, parce qu'elle eft ordinairement la plus exacte; ce mal, enfin, dont le Colon fidele porte feul la peine, étoit devenu fi aggravant pour la Colonie, qu'en 1785, Meffieurs les Adminiftrateurs, crurent devoir prendre de nouvelles mefures pour y remédier. En conféquence, ils rendirent une Ordonnance le 15 Juillet, par laquelle, en rappelant les anciennes difpofitions fur cette matiere, ils affujettirent les contribuables à des formalités publiques & particulieres, qui devoient néceffairement arrêter, ou tout au moins, diminuer une fraude dont l'effet eft fi funefte.

Cette Ordonnance a produit, dès-lors, un très-grand bien. Les dénombremens ayant été plus fideles, il en eft réfulté une augmentation de 4,300 têtes dans les déclarations, & par conféquent une diminution proportionnée dans la capitation de 1786.

En 1787, il y a eu une nouvelle augmentation de près de 3,000 têtes.

On ne peut pas favoir encore, s'il y aura augmentation ou diminution en 1788. Plufieurs Habitans, même des Paroiffes entieres, n'ayant pas fournis, jufqu'à préfent, leurs dénombremens au Domaine. Cette inexactitude, imitée par la plupart des Propriétaires de maifons, ne permettra pas à l'Affemblée d'affeoir l'Impofition fur des calculs bien certains; mais je penfe que, fans trop s'écarter du vrai, elle pourra fe fervir de ceux de 1787.

Au furplus, Meffieurs, il dépendra toujours des Habitans, d'alléger leurs charges annuelles; qu'ils foient exacts dans leurs déclarations; l'honneur, la vérité, leur en font une loi, & ils ne peuvent l'enfreindre, fans fe rendre coupables envers la probité & envers leurs Concitoyens.

Je ne dois pas vous taire, Meffieurs, une autre vérité bien importante, & dont le Colon en général ne paroît pas affez pénétré; c'eft que l'attrait qui le porte à la contrebande, en lui procurant quelques avantages momentanés, nuit à fes véritables intérêts. Il ne me feroit pas difficile de vous le démontrer fous tous les points de vue; mais, pour ne pas m'écarter de mon fujet, je me borne à vous obferver que la fortie frauduleufe des denrées, influe fur la perception des droits, qu'elle affoiblit d'autant. Il convient donc d'apporter la plus grande attention à ce que les produits de vos récoltes, fuivent leur deftination naturelle vers la Métropole, & ne s'écartent pas de cette deftination, pour aller alimenter le Commerce de nos rivaux. N'oubliez jamais vos obligations envers la Mere Patrie; & loin de relâcher vos liens avec elle, par des communications illicites, refferrez-les, au contraire, de plus en plus, par une continuité de rapports que rien ne puiffe interrompre. Témoins de nos efforts, pour mettre des entraves aux fpéculations interlopes, fecondez-nous par votre exactitude; ne traités plus avec ces agens fubalternes, qui, profitant feuls de la contrebande, vous en font partager l'odieux, & vous ne tarderez pas à recueillir le fruit d'un ordre de chofe auffi conforme à vos intérêts, qu'à la véritable inftitution des Colonies.

Il eft encore, Meffieurs, un objet dont je dois vous entretenir, & qui mérite votre attention, c'eft celui *des exemptions*. Il a fixé la mienne depuis le moment où j'ai été chargé de l'Adminiftration de la Guadeloupe. J'en ai fait dreffer l'état général, & j'ai l'honneur de le communiquer à l'Affem-blée, avec les tableaux & autres pieces qui y font relatives. Vous ferez fûrement auffi étonnés, que je l'ai été moi-même, de voir que ces exemptions fe font fucceffivement élevées à 118,000 livres, fur le pied de la capitation de l'année derniere, par conféquent à plus du dixieme de l'Impofition. Il en eft fans doute que l'on doit refpecter, parce qu'elles font appuyées fur la Déclaration du Roi, donnée en 1730, ou fur des Ordonnances poftérieures de Sa Majefté; mais il en eft auffi qui pourroient-être fufceptibles de fuppreffions ou de modifications. L'examen de ces dernieres, exige des recherches & un travail qui ne peut être mieux confié, qu'aux Membres du Comité que vous avez établi. C'eft pour les mettre à portée de fe livrer à ce travail intéreffant, que je laiffe fur le Bureau les pieces que je viens de vous produire, & c'eft pour le leur faciliter, que j'y ai fait ajouter toutes les notes & tous les renfeignemens que le dépôt du Domaine a pu me procurer. Lorfque la difcuffion de ces exemptions fera achevée, & que MM. les Commiffaires qui en auront été chargés, nous en remettront le refultat, nous ftatuerons fur celles qui devront-être maintenues,

tenues, & fur celles qui devront-être rejettées ou modifiées. Alors peut-être la Colonie pourra-t-elle, fans augmenter fes charges, fe livrer aux mouvemens de fon admiration pour le Héros des Ifles du Vent, * & lui offrir un monument de fa reconnoiffance, en affranchiffant fes biens de toutes Impofitions publiques. *

* M. le Marquis de Bouillé.

* Propofition faite par M. le Procureur - Général, dans fon Difcours de mercuriale, le 2 Janvier.

Vous voilà, Meffieurs, en état de remplir avec connoiffance de caufe, l'objet pour lequel vous êtes principalement affemblés. Si vous formiez quelques doutes fur l'exactitude des états que je vous préfente, je vous ferois donner, avec plaifir, tous les éclairciffemens que vous pourriez défirer, & vous me trouveriez prêt à répondre à toutes vos obfervations. C'eft en traitant réciproquement avec franchife & avec confiance, que nous remplirons le but d'une inftitution qui doit fixer à jamais notre amour pour le Souverain, & la reconnoiffance d'une Colonie au bonheur de laquelle il ne ceffe de veiller. Trop heureux, fi, par mes foibles travaux, je puis contribuer à adoucir fes charges, à augmenter fa profpérité, & à la convaincre des tous les fentimens qui m'attachent à elle !

M. l'Intendant ayant ainfi donné connoiffance de la fituation de la caiffe du Roi, il a été propofé de renvoyer à tenir compte à la Colonie, fur l'Impfiotion de 1789, des droits d'entrée & de fortie perçus pendant le cours de l'année derniere. Il a été demandé, au contraire, par l'Affemblée que cet objet, déjà perçu, foit imputé à la décharge de l'Impofition pour cette année.

Alors, M. l'Intendant a repréfenté que les befoins du fervice ne lui permettent plus, d'après le refus de fa propofition, d'ufer des délais qu'il fe propofoit d'accorder aux contribuables qui font en retard pour l'année derniere, & qu'ils le forceront d'accélérer la perception de la nouvelle Impofition, par des voyes de contraintes qui répugnent & répugneront toujours à fon cœur. Il a demandé qu'il foit fait arrêté exprimant le vœu de l'Affemblée à cet égard.

Surquoi il a été délibéré qu'il fera fait arrêté, ainfi que le défire M. l'Intendant : en conféquence déclare l'Affemblée que la fituation de la Colonie ne lui a pas permis d'accepter la propofition de M. l'Intendant, & qu'il lui a paru préférable d'employer, à fa décharge, fur l'Impofition de cette année, une fomme telle que celle de *deux cent quarante-huit mille, huit cent quarante-huit livres, deux fols, neuf deniers*, montant des droits d'entrée & de fortie de l'année derniere, d'après l'état préfenté, que de jouir de la faveur des retards que M. l'Intendant auroit pû fe permettre d'accorder, foit pour le reliquât de l'Impofition de l'année derniere, foit pour la contribution de cette année. Que les befoins du fervice étant tels que M. l'Intendant les a expofés, il eft jufte qu'il faffe rentrer inceffamment le reliquât de l'Impofition de l'année derniere, & que la perception pour cette année, ait lieu au mois de Juillet prochain : que tel eft le vœu de l'Affemblée.

E

Plusieurs Députés ayant fait ensuite des propositions à l'Assemblée sur le mode de la répartition, les abus des exemptions, des déclarations, & sur d'autres objets relatifs à l'Imposition, il a été arrêté que ces différentes propositions feront écrites, & remises au comité intermédiaire qui en fera l'examen & le réfumé, pour les préfenter à la premiere féance; que le comité s'occupera du projet de la répartition de l'Imposition qui doit être fixée à la même fomme que l'année derniere. M. l'Intendant a été prié à cet effet de remettre audit comité, ainfi qu'il l'a offert, tous états & renfeignemens néceffaires, & de lui faire donner communication des regiftres du Domaine, comme auffi de remettre le mémoire qu'il a lu pour expofer la fituation de la caiffe de la Colonie & qui fera enfuite dépofé aux archives de l'Affemblée avec les pieces relatives.

L'Affemblée a décidé préalablement que l'affiette de l'Imposition fera confervée la même fur les divers objets qui ont été fujets à la contribution pour l'Imposition de l'année derniere, & que les mêmes proportions qui font établies entre les différentes claffes de contribuables feront auffi confervées; & pour accélérer le travail du comité, dont le rapport fera fait à la premiere féance, l'Affemblée a jugé à propos d'y adjoindre quatre Commiffaires qu'elle a prié MM. les Commiffaires du Roi de nommer, & en conféquence M. le Général a nommé, MM. le Cointre de Berville, Chabert de la Chariere, de St. Cyran & Coquille.

L'Affemblée continuant de délibérer fur ce qui a rapport à l'Imposition, s'eft occupée des Receveurs qui doivent être nommés comme ci-devant, mais dont il lui appartient, par l'Ordonnance, de régler le nombre, de fixer le traitement & de déterminer l'étendue du cautionnement qu'ils doivent fournir; & il a été arrêté que cet objet fera compris dans le travail dont le comité eft chargé.

L'heure de deux heures étant furvenue, Meffieurs les Commiffaires du Roi ont remis la continuation de l'Affemblée à Lundi fept du préfent mois, huit heures du matin, en l'Hôtel du Gouvernement, & il a été arrêté par l'Affemblée, avant de lever la féance, que le Procès-verbal qui en a été dreffé, fera figné par Meffieurs les Commiffaires du Roi feulement, ainfi que les Procès-verbaux des féances qui fuivront, à l'exception de celui de la derniere féance qui fera la clôture de l'Affemblée, lequel fera figné de tous les Membres compofant la délibération, de même qu'il a déjà été obfervé pour le Procès-verbal d'ouverture de la premiere féance, qui a conftitué la formation de l'Affemblée Coloniale, & ont figné Meffieurs les Commiffaires du Roi, figné Clugny & Foullon d'Ecotier.

Du Lundi fept Janvier 1788, huit heures du matin.

TROISIEME SÉANCE.

L'Affemblée Coloniale compofée de tous les Membres qui fe font trouvés à la délibération précédente, excepté M. le plus ancien Commiffaire des Colonies, a repris féance en la Salle du Gouvernement, en vertu de ce qui a été arrêté au Procès-verbal du Samedi cinq, & après lecture dudit Procès-verbal, MM. du comité & les Commiffaires adjoints ont commencé le rapport du travail dont ils ont été chargés, relativement à l'Impofition, en rendant compte de l'examen & du réfumé qu'ils ont fait des divers mémoires qui leur ont été remis par plufieurs députés, en exécution de l'arrêté au Procès-verbal dernier. Divers changemens propofés par ces mémoires au mode de l'Impofition, ont été mis en délibération par l'Affemblée, & adoptés ou rejettés : ainfi qu'il fuit.

1°. L'Impofition de la Capitation fur les Efclaves de tout âge, fans diftinction, afin de diminuer les fauffes déclarations.

L'Affemblée préfére de continuer de l'affeoir feulement fur les Efclaves depuis 14, jufqu'à 59 ans inclufivement, parce que la méthode propofée, ne rempliroit pas fon objet, & qu'il en réfulteroit des conféquences nuifibles à la population & contraires à l'humanité.

2°. Augmentation de la Capitation des Negres des Villes & Bourgs, & diftinction à l'égard du nombre poffédé, & leur fervice.

3°. Induftrie fur les Négotians, Marchands & autres par une taxation arbitraire.

4°. Réunion des Habitans qui cultivent le Coton à la claffe des Caféyers, pour fupporter le même taux d'Impofition fur les têtes de leurs Efclaves.

5°. Suppreffion de la Capitation perfonnelle que doivent payer les Européens qui réfident dans la Colonie, ou du moins diftinction à faire en faveur de ceux qui font Propriétaires, ou exercent certaines places.

Ces quatre dernieres propofitions fur lefquelles l'Affemblée a délibéré féparement, n'ont point été adoptées, & elle a rejetté unanimement la taxe arbitraire fur les Négocians & autres.

6°. Etabliffement du droit d'un pour cent en fus de celui qui eft déjà établi fur la fortie des denrées coloniales, & propofition de reftraindre la perception du nouveau droit aux denrées qui s'exporteront pour la Martinique.

L'Affemblée a arrêté qu'il fera ajouté un pour cent de fortie à celui qui eft déjà établi, mais qu'il aura lieu, comme l'autre, fur toutes les denrées à la fortie, fans diftinction relative à la Martinique.

7°. Augmentation du droit fur les loyers des maifons à la Baffe-Terre, & diminution de ce droit fur les maifons à la Pointe-à-Pitre.

L'Affemblée a arrêté de fuivre les mêmes proportions que ci-devant entre les deux Villes, le droit qu'elles payent, confervant l'égalité dans la perception, relativement à l'augmentation ou la diminution des loyers fur lefquels il porte.

8°. Etabliffement d'un droit fur les Syrops à la fortie, indépendant de celui qui fe perçoit déjà, & qui appartient au Domaine d'Occident.

Les vues dans lesquelles cette propofition eft faite, ont paru à l'Affemblée mériter une difcuffion férieufe, & elle a chargé le comité de rapporter, fur cela, un mémoire d'obfervation à la prochaine affemblée.

MM. du comité ont demandé enfuite à l'Affemblée fa détermination fur la répartition par Paroiffes, contre laquelle plufieurs des mémoires réfumés, réclament.

L'Affemblée a délibéré & arrêté, que la répartition de l'Impofition en ce qui concerne la Capitation fur les Efclaves poffédés par les Habitans, aura lieu par Paroiffes.

MM. du comité ont lu les obfervations qu'ils ont faites fur les exemptions, dont M. l'Intendant a remis l'état général, & il a été arrêté, du confentement de Meffieurs les Commiffaires du Roi, que toutes les exemptions dont les titres ne font pas fondés fur des Ordonnances ou des ordres particuliers de Sa Majefté, cefferont d'avoir lieu; en conféquence elle a fait prendre note fur l'état, de toutes les exemptions qui doivent être fupprimées, & a fait dreffer un état particulier defdites fuppreffions, qui fera figné de Meffieurs les Commiffaires du Roi, remis au dépôt de l'Affemblée Coloniale, & dont chacun des Députés s'aidera pour la répartition particuliere de fa Paroiffe.

Il a été mis en queftion par un des Députés, fi plufieurs co-propriétaires d'une habitation, par fucceffion ou autrement, & ayant chacun l'attribution d'une exemption par naiffance ou office, peuvent jouir concurremment de ladite exemption, fur les têtes d'Efclaves attachés à l'habitation indivife.

L'Affemblée a penfé que cette queftion, qui peut entraîner plufieurs diftinctions, fera expofée dans un mémoire d'obfervations, dont elle charge le comité, & qui fera remis le plutôt poffible à Meffieurs les Général & Intendant pour être envoyé au Miniftre, afin d'obtenir la décifion de Sa Majefté.

L'Affemblée ayant fini de délibérer & fixer tous les points fur lefquels doivent porter l'affiette & la répartition de l'Impofition, elle a arrêté qu'il fera procédé à la premiere féance, au Procès-verbal d'Impofition & répartition générale & particuliere par Paroiffes, fur le rapport que doit continuer de faire le comité, lequel Procès-verbal fera porté fur un regiftre particulier au défir de l'Article 18, de l'Ordonnance du Roi, du 17 Juin 1787.

Et avant de lever la féance, plufieurs Députés ayant annoncé des mémoires fur diverfes matieres, l'Affemblée a chargé le comité d'en faire le réfumé & d'en préfenter les objets à l'une des féances prochaines.

Ce fait, l'heure étant avancée, Meffieurs les Commiffaires du Roi ont remis la continuation de l'Affemblée à demain, Mardi huit de ce mois, en la Salle du Gouvernement, & ont figné. Clugny & Foullon d'Ecotier.

Délibération

Délibération particuliere, concernant l'affiette de l'Impofition Royale.

Ce jourd'hui, huit Janvier, mil fept cent quatre-vingt-huit, huit heures du matin, l'Affemblée Coloniale compofée de tous fes Membres, s'eft réunie dans la Salle du Gouvernement, en vertu du Procès-verbal d'hier, & M. de St. Cyran, un des Commiffaires adjoints, a fait rapport de l'examen des Etats, Comptes, Regiftres & documents relatifs à l'Impofition, que M. l'Intendant a remis, ou fait communiquer, & du projet, tant de la répartition générale de ladite Impofition, que de la répartition particuliere par Paroiffes, & ce, en exécution de ce qui a été ordonné par la Délibération du fept de mois. D'après ledit rapport & les points déjà réglés & arrêtés par fes Délibérations précédentes, l'Affemblée a procédé à l'affiette & répartition, tant générale que particuliere, de l'Impofition pour cette année, ainfi qu'il fuit:

L'Impofition de l'année derniere, fera la mefure de celle pour la préfente année, conformément à ce qui eft réglé par l'article XVII, de l'Ordonnance du 17 Juin 1787.

Sur cette fomme qui eft *d'un Million*, il fera déduit celle de *deux cent, quarante-huit mille, huit cent, quarante-huit livres, deux fols neuf deniers,* montant du produit des droits d'entrée & de fortie de l'année derniere, fuivant l'état remis par M. l'Intendant, au moyen de quoi l'Impofition ne fera plus que de la fomme de *fept cent, cinquante-un mille, cent cinquante-une livres, dix-fept fols, trois deniers.*

Il fera perçu fur toutes les denrées de la Colonie, confiftant en Sucre, Coton, Café, Cacao, Gingembre & autres, à leur fortie pour France, la Martinique ou toute autre poffeffion Françoife, un droit *de deux pour cent* du prix vénal, d'après les factures qui feront exhibées en bonne forme, tant par les Capitaines Marchands & autres Chargeurs, à leur départ, que par les Habitans, & dont le double reftera au Domaine; fans que, fur lefdites factures, dont l'exibition eft ainfi exigée pour affurer le paiement & la deftination du droit établi, il puiffe être fait, d'avance, déduction de ce même droit, dont l'acquit concerne le chargeur feul, quoique fon effet porte directement fur le cultivateur.

Le droit *d'un pour cent* d'entrée, fur les marchandifes fujettes au poids, continuera d'être perçu; ce droit & celui de deux pour cent fur les denrées à leur fortie, ont été évalués, pour cette année, à la fomme de *deux, cent cinquante-un mille, cent cinquante-une livres, dix-fept fols, trois deniers,* à caufe de l'incertitude du produit.

Les Maifons fituées dans les Villes & Bourgs de la Colonie indiftinctement, continueront d'être taxées fur le pied de *quatre pour cent* de la valeur

F

de leurs loyers, lefquels droits feront payés par les Propriétaires, foit qu'ils occupent eux-mêmes lefdites Maifons, ou qu'ils les aient donné à loyer; & ont été lefdits droits évalués à la fomme de *foixante mille, cinq cent, vingt-huit livres, dix-huit fols*, en fuppléant, pour les Paroiffes de la Goyave & des Trois Rivieres, le montant de leurs loyers obmis en 1787, & qui font pris dans l'état de 1788. Et après avoir décidé que les droits.fur les Maifons de la Pointe-à-Pitre, qui montoient à *trente-fix mille, huit cent, quatre-vingt-neuf livres, douze fols*, fuivant l'état de 1787, feront évalués feulement à *dix-huit mille livres*, & que la valeur des loyers, fera juftifiée par bail écrit ou évaluation.

Les Blancs Européens Ouvriers, feront taxés à *fix livres*, & ceux non Ouvriers, à *neuf livres*, & la taxe des uns & des autres, a été évaluée à *fix mille, deux cent, foixante-fept livres*.

Les Negres & Gens de couleur libres, de naiffance ou affranchis, depuis l'âge de 14 ans jufqu'à 59, inclufivement, feront taxés à *vingt-cinq livres* par tête, & cette taxe a été évaluée à *vingt mille cinq cent livres*.

Les Efclaves des Villes & Bourgs & tous autres non attachés à la culture des terres, feront taxés indiftinctement à *vingt-cinq livres* par tête, & cette taxe a été évaluée à *cent feize mille, cinq cent livres*.

Toutes lefquelles fommes, ainfi évaluées, fauf en cas d'excédent ou de déficit, à en faire raifon fur l'Impofition de l'année prochaine, s'élévent à celle de *quatre cent cinquante quatre mille neuf cent quarante-fept livres quinze fols trois deniers*, laquelle déduite de celle de *fept cent cinquante-un mille, cent cinquante-une livres, dix-fept fols, trois deniers*, la réduifent à celle de *deux cent quatre-vingt-feize mille, deux cent quatre livres, deux fols*, qui fera la contribution à répartir fur les Negres fujets à la Capitation des trois claffes d'Habitans, Sucriers, Caféyers, Cotoniers & Vivriers.

Cette derniere fomme, répartie d'après la proportion de 20 à 15, & à 10, pour les trois claffes, la taxe des Negres Sucriers eft évaluée à 7 livres 9 fols; celle des Negres Caféyers à 5 livres, 11 fols, 9 deniers; & celle des Cotoniers à 3 livres, 14 fols, 6 deniers, fauf les réfultats que pourront donner les recherches qui feront faites dans l'exécution de la répartition par Paroiffes, qui aura lieu fur les dénombremens de cette année.

L'Affemblée ayant ainfi réglé la répartition de l'Impofition, a procédé à la répartition particuliere par Paroiffe, de ladite fomme de 296,204 liv. 2 fols, d'après le tableau préfenté par M. de St. Cyran, qu'elle a trouvé exact; il réfulte de cette répartition, que dans chaque Paroiffe les trois claffes d'habitans paieront :

SAVOIR;

LA GUADELOUPE.

La Baſſe-Terre, ...	8,442 l.	14 ſ.	3 d.
Bourg Saint-François, . .	3,806	19	
Le Baillif, ...	6,878	4	3
Les Habitans, ...	7,271	10	
Bouillante, ...	6,230	1	3
La Pointe-Noire, . . .	4,479	6	3
Deshayes , ...	2,067	7	6
Ste. Roſe du G. Cul-de-Sac,	9,657	1	3
Le Lamentin, ...	11,344	9	9
Baye-Mahault , . . .	10,482	3	
Petit Cul-de-Sac, . .	10,634	17	6
La Goyave, ...	5,445	19	
La Capeſterre, ...	16,514	15	9
Les Trois Rivieres, . .	8,245	5	9
Le Vieux Fort, . . .	2,328	2	6
Le Parc, ...	1,922	1	

116,450 l. 18 ſ.

LA GRANDE-TERRE.

Les Abîmes, ...	15,982 l.	2 ſ.	3 d.
Le Gozier, ...	12,860	11	3
Sainte-Anne, ...	26,529	9	
Saint-François, . . .	14,929	16	
Le Moulle, ...	24,231	2	6
Saint-Bertrand, . , .	11,014	16	6
Le Port-Louis, . . .	13,838	7	6
Le Petit Canal, . . .	18,768	8	3
Le Morne-à-l'Eau, . .	12,655	13	9

150,810 l. 7 ſ.

MARIE-GALANTE.

Le Grand Bourg, . . .	11,441 l.	6 ſ.	9 d.
Capeſterre, ...	9,137	8	6
Le Vieux Fort, . . .	6,187	4	6

26,765 l. 19 ſ. 9 d.

294,027 l. 4 ſ. 9 d.

De l'autre part. . . . . . 294,027 l. 4 f. 9 d.

LES SAINTES.

L'Affomption, T. de haut,	774 l. 16 f.	
St. Nicolas, terre de bas , .	726 7 . 6 d.	

1,501 l. 3 f. 6 d.

LA DÉSIRADE. , ... 968 l. 10 f.

TOTAL. . . . . 296,496 l. 18 f. 3 d.

Le total de la répartition, s'élevant à la fomme de 296,496 livres, 18 fols, 3 deniers, excéde celle de 296,204 livres, 2 fols, qui étoit à répartir de la fomme de 292 livres, 16 fols, 3 deniers, différence qui provient de ce que les calculs ont été faits par fort deniers.

Fait & arrêté le préfent Procès-verbal de répartition générale & particuliere, par l'Affemblée Coloniale, pour être rendu exécutoire par MM. les Général & Intendant qui font priés de rendre une Ordonnance à cet effet, & ont figné Meffieurs les Commiffaires du Roi, tous les Membres compofant la féance, figné Clugny, Foullon d'Ecotier, Defnoyers, Vian, le Cointre de Berville, Chabert de la Chariere, Boyer de l'Etang, Radeling de Ravainn, Mamiel Marieulle, Coudroy de l'Iflet, Cherot la Saliniere, Romain la Caze, Poirié, Brun Beaupein, Marre, Martinot, Faydel, Pupil du Sablon, de Coulanges, le Chevalier de Mauret, Chabert de l'Ifle, Thouluire Mahé, Doüillard, de St. Cyran, Bontoux de la Blache, Mercier, Coquille, Dothemar Joubert, Longueteau, Dumoulier de la Combe, Paviot, Rouffel, Bruny de Chateaubrun, Guillaume Audinet, Demarais, & Coquille de St. Remi Secrétaire.

Du Mardi huit Janvier 1788, dix heures du matin, en la Salle du Gouvernement.

QUATRIEME SÉANCE.

L'Affemblée Coloniale continuant la Séance de ce jour, dont l'ouverture s'eft faite par le Procès-verbal porté au Regiftre particulier deftiné aux Impofitions, M. l'Intendant a remis tous les états, pieces & bordereaux néceffaires pour procéder à la taxe des Negres fuppliciés; & MM. Coquille & Romain la Caze, Députés, ont été nommés Commiffaires, de la maniere déja fuivie & adjoints au comité, à l'effet d'en faire l'examen, & de préparer l'arrêté de cette impofition particuliere : & comme il eft néceffaire d'y employer le loyer de la maifon qui fera deftinée aux féances & au logement

des

des Membres du comité, ainſi que certains objets de dépenſes néceſſaires, relatifs audit comité.

· L'Aſſemblée a arrêté que l'évaluation en ſera portée à douze mille livres, & laiſſe néanmoins audit comité & à ſa diſcrétion, le ſoin de ſe pourvoir lui-même d'une maiſon convenable & de la garnir, ſans fixation réelle envers lui, du prix de ces dépenſes.

L'Aſſemblée a auſſi réglé, aux mêmes fins, qu'il ſera accordé au Receveur-Général de la taxe, *cinq pour cent* ſur la recette, à la charge de payer les Receveurs particuliers qu'il établira.

L'Aſſemblée s'eſt occupée enſuite de l'exemption que l'Article XXX, de l'Ordonnance, l'autoriſe à propoſer à MM. les Général & Intendant, en faveur des Membres du comité, pendant la durée de leur exercice.

L'exemption de douze Negres pour chaque Membre ayant été adoptée par l'Aſſemblée, MM. du comité ont témoigné que leur zèle ſuffit pour encourager leurs travaux, & qu'ils eſperent en trouver le prix dans la recon-noiſſance de leurs concitoyens, & ont prié l'Aſſemblée d'agréer le refus qu'ils font, de l'exemption propoſée. Alors M. le Général a été prié par l'Aſſemblée, de vouloir bien exempter du ſervice dans les milices, l'économe de chacun des Membres du comité, pendant la durée de ſon exercice.

Ce fait le comité a remis ſes obſervations ſur ce qui concerne les Rece-veurs de l'Impoſition, & l'Aſſemblée a délibéré, & ayant trouvé ſatisfaiſant l'ordre établi par M. l'Intendant, elle a arrêté de laiſſer, à cet égard, toutes choſes en état.

· Un des Membres du comité, M. Godet, a lu enſuite le réſumé qu'il a été chargé de faire des divers mémoires préſentés à la ſéance d'hier, pour en connoître les objets ; comme le principal qui a fixé l'attention de l'Aſſemblée, a été l'entrepôt des étrangers dans la Colonie, cet objet ayant été mis en délibération :

Le vœu unanime de l'Aſſemblée a été de ſupplier Sa Majeſté, d'accorder à la Colonie, la liberté aux étrangers d'aller à la Pointe-à-Pitre & à la Baſſe-Terre.

Ayant été enſuite mis en délibération, dans le cas où Sa Majeſté ſe refuſe-roit à accorder deux entrepôts à la Colonie, dans quel lieu il étoit préférable que l'entrepôt fut établi ? les voix ont été données de la maniere ſuivante :

Vingt-trois, pour la Pointe-à-Pitre.

Et treize, pour la Baſſe-Terre.

L'Aſſemblée a arrêté que les deux propoſitions ſeront motivées & diſ-cutées dans un mémoire d'obſervations, dont elle charge le comité, qui le remettra à MM. les Adminiſtrateurs, pour être envoyé au Miniſtre, & ce avant de clore ſa ſéance.

A l'égard de tous les autres objets énoncés dans le précis, ils ont paru de nature à être renvoyés au travail du comité, & à cet effet le réſumé qui a été lu, fera dépofé à fes archives, après avoir été arrêté par Meffieurs les Commiffaires du Roi, & ce, pour fuppléer à ce qui eft prefcrit par l'Art. XVI de l'Ordonnance, & fervir au travail du comité pour l'Affemblée prochaine.

M. Marre, un des députés des Paroiffes, a fait lecture d'un mémoire concernant l'état des gens de couleur, & après lui, M. de Longueville à fait auffi lecture d'un mémoire fur des abus relatifs à la détention des efclaves dans les prifons. L'Affemblée a remis auffi ces deux objets au travail du comité.

Ce fait, l'heure étant avancée, Meffieurs les Commiffaires du Roi ont remis la continuation de l'Affemblée, à demain, Mercredi, neuf de ce mois, dans la Salle du Gouvernement, & ont figné, Clugny & Foullon d'Ecotier.

Du Mercredi, neuf Janvier, huit heures du matin.

CINQUIEME SÉANCE.

L'Affemblée coloniale, compofée de tous les Membres qui fe font trouvés à la délibération précédente, excepté le député des Propriétaires de maifons de la Baffe-Terre, a repris féance en la Salle du Gouvernement, en vertu de ce qui a été arrêté au Procès-verbal du huit, qui continue l'Affemblée à ce jour.

Après lecture dudit Procès-verbal, un de Meffieurs a dit, qu'il croyoit utile pour éclairer le Miniftre fur le fecond vœu exprimé par l'Affemblée, relatif à l'entrepôt, que les députés fuffent nommés, & qu'on y ajoutat leur qualité ou le nom de leur Paroiffe.

La propofition mife en délibération, il a paffé au nombre de vingt-trois voix, contre treize, que les perfonnes, leur qualité ou le nom de leur Paroiffe, feront défignés.

En conféquence elles ont été reprifes de la maniere fuivante :

POUR LA POINTE-A-PITRE.

MESSIEURS,   **PAROISSES.**

Defnoyers, Lieutenant de Roi, Commandant en fecond, par intérim.
Vian, Commiffaire des Colonies.
Le Cointre de Berville, Député du Confeil.

Boyer de l'Etang, Doyen, . .	la Goyave.
Martinot, . , . . .	Sainte Anne.
De Longueville, ...	la Baye-Mahault.
Bruny de Chateaubrun, . . .	le Petit Cul-de-Sac.
Faydel, ...	le Gozier.
De Coulanges, ...	le Lamentin.
Coudroy de l'Ilet, ...	le Moule.
Paviot, ...	le Port-Louis.

De St. Cyran, ...	S. François, Grande Terre.
Godet;	la Capesterre.
Doüillard, ...	Saint - Bertrand.
Mamiel Marieulle, ...	le Morne - à - l'Eau.
Dothemar Joubert, ...	{ les Abîmes.
Thouluire Mahé, ...	{ Propriétaires des Maisons.
Le Chevalier de Mauret , . .	Grand Cul-de Sac.
De la Saliniere, ...	Petit Canal.
Coquille , ...	la Capesterre, { Isle de
Dumoulier de la Combe, . .	le Grand Bourg, { Marie-
Roussel, ...	le Vieux Fort, { Galante.
Bontoux de la Blache, . . .	Isle de la Désirade.

POUR LA BASSE-TERRE.

MESSIEURS,	PAROISSES,
Chabert de la Chariere, Député du Conseil.	
Pupil du Sablon, ...	le Parc.
Longueteau, ...	Basse-Terre.
Chabert de l'Isle, ...	{ Bourg Saint - François.
Audinet, ...	{ Propriétaires des Maisons.
Radeling de Ravainn, . . .	Deshayes.
Marre, ...	Les Trois Rivieres.
Desmarais, ...	Bouillante.
Brun Beaupein, ...	le Baillif.
Poirié, ...	la Pointe-Noire.
Mercier, ...	le Vieux-Fort, Guadeloupe.
Romain la Caze, ...	les Habitants.
Fidelin, ...	les Saintes.

M. le Général a ensuite lu l'Article XXIII, de l'Ordonnance, & en consé-quence a proposé, au nom des Paroisses du Petit Canal, de l'Ance-Bertrand, du Port-Louis, & de partie de celle du Morne-à-l'Eau, de couper la Pointe-à-Macou, qui, outre qu'elle est dangereuse pour la navigation, la gêne infiniment, sur-tout en temps de guerre; il a dit que cet ouvrage, iroit au plus à vingt mille livres.

L'Assemblée a arrêté que cet ouvrage étoit nécessaire, & que les Paroisses pourroient s'imposer, pour cet objet, en observant des proportions dans la répartition.

M. l'Intendant a dit, que la partie des chemins de la Colonie, lui pa-roissoit mériter la plus grande attention; que les loix qui existoient à cet égard, prefcrivoient aux Habitants des Tâches ou des Corvées; que ce fyftême venoit d'être aboli en France, comme nuifible à la culture & onéreux aux Peuples; qu'on y avoit fubftitué la corvée en argent, & qu'il penfoit qu'on pouvoit adopter ce même moyen pour la confeétion des chemins de la Colonie, avec cependant des formes que le local néceffitoit; que fa propofition étoit l'objet d'un mémoire qu'il remettroit à MM. du comité.

L'Affemblée a arrêté que MM. du comité s'occuperoient de l'examen du mémoire.

M. Boyer de l'Etang a lu un mémoire relatif à la néceffité de demander au Roi, la levée de la prime fur la morue étrangere.

L'Affemblée a arrêté que MM. du comité s'occuperont fur le champ, de cet objet, & que Meffieurs les Adminiftrateurs feroient priés d'adreffer ce mémoire au Miniftre.

M. Mamiel Marieulle, député, a repréfenté que la fouille de la Ravine des Coudes, produiroit les plus grands avantages à plufieurs quartiers de la Colonie, & qu'il étoit intéreffant qu'on s'en occupât.

L'Affemblée a renvoyé au comité, l'examen des projets qui feroient donnés à cet égard.

M. le Général a dit, qu'il y avoit plufieurs Paroiffes dans la Colonie où il n'y avoit pas de Géole, & qu'il étoit inftant d'y en établir; que la dépenfe, qui feroit fort médiocre, feroit fupportée par ces mêmes Paroiffes.

L'Affemblée a arrêté, d'après la propofition, qu'il fera établi des Géoles ou Prifons, dans les Paroiffes des Trois-Rivieres, du Lamentin, de Sainte.-Rofe, de Deshayes, Bouillante, Sainte.-Anne, Saint-François, Grippon, Petit Canal & Saint-Bertrand.

M. Bontoux, député, a lu un mémoire fur la Défirade & fur la néceffité, ou de nourir les Negres Lépreux qui y font, & qui dépourvûs de reffources, y vivent dans la plus affreufe mifere, ou de n'en plus envoyer à l'avenir.

M. l'Intendant a alors obfervé à l'Affemblée, qu'il étoit trop intéreffant pour la Martinique & la Guadeloupe de conferver la liberté qu'elles avoient d'envoyer les Negres Lépreux dans cette île, pour ne pas chercher les moyens d'y former un établiffement que l'humanité follicite; qu'il étoit, par conféquent, néceffaire de s'en occuper, & que ce devoit être l'objet d'un concours unanime des deux Colonies; qu'en attendant qu'il y eut à cet égard quelque chofe de décidé, il alloit faire nourrir, aux frais du Roi, tous les Negres Lépreux qui étoient déjà dans cette île, & ceux qu'on y enverroit dorénavant de la Guadeloupe, & même pourvoir à leur logement.

L'Affemblée a agrée la propofition de M. l'Intendant avec reconnoiffance.

M. Doüillard, membre du comité, ayant annoncé le rapport du travail dont le comité a été chargé, relativement à l'Impofition des Negres fupplicics, l'Affemblée a arrêté qu'il fera procédé à ladite taxe, fur le regiftre

particulier

particulier deftiné aux Impofitions, par continuation de la préfente féance, attendu qu'il n'eft encore que dix heures , & ont figné Meffieurs les Commiffaires du Roi, Clugny & Foullon d'Ecotier.

Délibération particuliere , concernant l'affiette de la taxe des Negres Suppliciés.

Ce jourd'hui, neuf Janvier, mil fept cent quatre-vingt-huit, en vertu de la Délibération de ce jour, portée fur le regiftre ordinaire, il a été procédé par l'Affemblée Coloniale, compofée de tous fes Membres, qui ont ouvert la Séance, à la fixation de l'Impofition de la taxe des Negres fuppliciés, fur le rapport fait par M. Doüillard, un des Membres du Comité, qui a remis les états, comptes & renfeignemens dont le Comité a fait l'examen.

Il réfulte du dernier compte rendu au Confeil-Supérieur, par le Receveur-Général de la taxe des Negres fuppliciés, qu'il refte débiteur; 1°. D'une fomme de 1,953 livres 2 fols 3 deniers, qu'il doit payer en argent. 2°. D'une fomme de 29,517 livres 19 fols 3 deniers, pour reprifes qu'il doit remettre au nouveau Receveur.

Les dépenfes que devra fupporter la caiffe pour cette année, font, 1°. La fomme de onze mille, fept cent livres, pour le rembourfement de neuf Negres, ordonné par Arrêt, fuivant l'état defdits Arrêts remis par le Greffier du Confeil, ci   .   .   11,700 l.

2°. La penfion du Député de la Colonie en France, vingt-un mille livres, ci   21,000

3°. Le logement des Membres du Comité & dépenfes acceffoires pour cette année , évaluées à la fomme de douze mille livres, ci   .   .   .   12,000

4°. Les honoraires du Secrétaire & fraix de Bureau, huit mille livres, ci   8,000

5°. Pour les Etats à fournir par le Domaine & le Greffier du Confeil , fix cent livres, ci   .   .   .   600

6°. L'Affemblée ayant décidé que les Arrêts de rembourfement de Negres fuppliciés, qui pourront-être ordonnés pendant le cours de cette année, feront acquittés par le Receveur, à fur & mefure, elle a évalué cet objet à un fomme de quinze mille, fix cent liv., ci   15,600

T O T A L.   .   .   .   68,900 l.

Ces fix fommes s'élévent à celle de *foixante-huit mille , neuf cent livres.*

Pour payer laquelle fomme, le nouveau Receveur aura à recevoir de l'ancien, tant en argent qu'en reprifes, fuivant l'Arrêt du Confeil du deux de ce mois, la fomme de *tren e-un mille*, *quatre cent*, *foixante-onze livres*, *un fol*, *fix deniers*, laquelle déduite de celle fufdite de 68,900 livres, la réduit à celle de *trente-fept mille*, *quatre cent*, *vingt-huit livres*, *dix-huit fols*, *fix deniers*, ci . . 37,428 l. 18 6 d.

Pour laquelle payer, il fera impofé fur tous les Negres Efclaves de la Colonie, depuis l'âge de 14 ans jufqu'à 59 inclufivement, fans exemptions ni priviléges, dont le nombre, fuivant les états, fe monte à cinquante-cinq mille, cinq cent, quatre-vingt têtes, une fomme de *quinze fols*, qui produira, en totalité, celle de *quarante-un mille*, *fix cent*, *quatre-vingt-cinq livres*, ci . . . . 41,685 l.

Au moyen de laquelle, toutes les dépenfes prévues, & même les frais de recette que l'Affemblée alloue au Receveur, à raifon de cinq pour cent, feront plu que payées ; fauf encore l'excédent ou déficit, dont il fera fait raifon fur l'Impofition prochaine.

Fait & arrêté par l'Affemblée Coloniale, pour être rendu exécutoire par une Ordonnance de Meffieurs les Général & Intendant, qui en font priés, & ont figné les Membres compofant la *Séance*, figné Clugny, Foullon d'Ecotier, Defnoyers, Viam, le Cointre de Berville, Chabert de la Chariere, Boyer de l'Etang, Radeling de Ravainn, Mamiel Marieulle, Coudroy de Lilet, Poirié, Romain la Caze, Brun Beaupein, Chérot la Saliniere, Martinot, Faydel, Chabert de l'Ifle, Pupil du Sablon, de Coulanges, le Chevalier de Mauret, de St. Cyran, Bontoux de la Blache, Thouluyre Mahé, Coquille, Doüillard, Mercier, Dumoulier de la Combe, Marre, Longueteau, Dothemar Joubert, Bruny de Chateaubrun, Rouffel, Paviot, Guillaume Audinet, Defmarais, & Coquille de St. Remi, Secrétaire.

Collationné COQUILLE DE St. REMI, Secrétaire.

Du Jeudi, 10 Janvier 1788, huit heures du matin.

Sixieme et derniere séance.

L'Affemblée coloniale compofée de tous les Membres qui fe font trouvés à la délibération précédente, a repris féance en la Salle du Gouvernement, en vertu de ce qui a été arrêté au Procès-verbal du neuf de ce mois.

Après lecture dudit Procès-verbal, M. Godet a lu un mémoire de M. Sengftack, Sous-Voyer général, fur le nivelement de la Ravine des Coudes, à l'effet de conduire un canal, depuis la naiffance de cette ravine jufqu'à la mer, travail qui doit être préliminaire aux ouvrages, afin de pouvoir en conftater la poffibilité.

L'Affemblée a arrêté que les Paroiffes du Petit Canal, du Morne-à-l'Eau & du Moulle, principalement intéreffées à la conftruction de ce canal, fourniront les Negres néceffaires pour faire le nivellement.

M. Thouluire Mahé, a lu un mémoire fur la Pointe-à-Pitre, & la néceffité d'y former quelqu'établiffement utile au bien général de la Ville.

L'Affemblée a chargé le comité, de l'examen de ce mémoire.

M. Audinet, député, a demandé à lire un mémoire fur la néceffité d'établir un droit fixe de huit pour cent pour la Tarre des Barriques à fucre.

L'Affemblée a renvoyé l'examen de cet objet au comité.

M. Boyer de l'Etang, le plus ancien des députés, s'eft levé & a dit :

Meffieurs,

En terminant cette affemblée, nous vous devons l'effufion fincere de nos cœurs ; vous les avez pénétrés de reconnoiffance, & nous en répéterons les fentimens à ceux qui nous ont députés. Vous nous avez donné, à l'envie, des marques de votre attachement à l'intérêt de la Colonie, & de votre bienveillance pour l'Affemblée.

Quels foins, quelles bontés, Monfieur le Général qui nous préfide, a montré en recueillant & propofant tous les objets de demandes ! Et vous, Monfieur l'Intendant, avec quelle exactitude, & quelle clarté vous nous avez expofé la fituation de la caiffe du Roi, & les produits de la Colonie ! Vous n'avez refufé aucuns des renfeignemens que l'Affemblée a pu défirer, & vous avez même prévenu fes défirs; vous l'avez éclairé par la fageffe de vos vues.

C'eft par ce concours d'attentions, Meffieurs, a exciter notre zèle, que vous nous avez fait connoître les avantages de la Loi, en vertu de laquelle nous fommes affemblés. Nous la devons à Monfieur le Général, d'après les comptes qu'il a rendu, ainfi que nous l'apprends la lettre du Miniftre : nous devons confacrer le fouvenir de ce bienfait particulier : nous prions Monfieur le Baron de Clugny, de nous permettre de placer fon Portrait dans la Salle du Comité; c'eft l'honneur que la Colonie doit faire au Promotteur d'une Loi fi précieufe, & je fuis affuré que mon vœu eft celui de l'Affemblée; il s'accorde avec celui que nous avons exprimé en fon nom, à l'ouverture de la premiere Séance.

M. le Général a témoigné fa reconnoiffance à l'Affemblée, & a dit, qu'il ne pouvoit accepter l'honneur qu'elle vouloit bien lui faire, fans y être autorifé par la permiffion du Miniftre.

Meffieurs les Commiffaires du Roi ont alors annoncé à l'Affemblée, que tous les objets dont-elle devoit s'occuper, étant terminés, elle alloit fe diffoudre, qu'elle devoit-être perfuadée qu'ils ne laifferoient pas ignorer au Miniftre, le zèle qu'elle avoit montré pour remplir les vues de Sa Majefté, & le but de fon inftitution.

Alors l'Affemblée a arrrêté que MM. les Commiffaires du Roi, feroient priés de rendre public, par la voie de l'impreffion, le Procès-verbal des Séances, & ont figné MM. les Commiffaires du Roi, tous les Membres compofant l'Affemblée, & le Secrétaire, ainfi figné Clugny, Foullon d'Ecotier, Defnoyers, Vian, le Cointre de Berville, Chabert de la Chariere, Boyer de l'Etang, Martinot, Defmerlier de Longueville, Bruny de Chateaubrun, Dumoulier de la Combe, Chabert de l'Ifle, Poirié, Cherot la Saliniere, Thouluyre Mahé, Coudroy de l'Ilet, Mamiel Marieulle, Brun Beaupein, Dothemar Joubert, Radeling de Ravainn, Defmarais, Romain la Caze, Pupil du Sablon, Mercier, de Coulange, Godet, Longueteau, le Chevalier de Mauret, Faydel, Coquille, Rouffel, Marre, Bontoux de la Blache, Doüillard, de St. Cyran, & Coquille de St. Remi, Secrétaire.

Collationné COQUILLE DE Sr. REMI, Secrétaire.

A LA GUADELOUPE, de l'Imprimerie de la Veuve BENARD, Imprimeur du Roi, 1788.

IMPOSITION de 1786.

L'Imposition de 1786, d'après les répartitions des diverses Paroisses, a monté à . . . . 1,005,330 l. 19 f. » d.

Les non-valeurs qui sont résultées du départ de quantité de personnes de cette Colonie, de celles mortes insolvables, & de celles imposées mal à propos, en ce qu'elles avoient des exemptions, le tout d'après les certificats du Directeur du Domaine, des Commandans & Curés des divers quartiers. & qu'il a fallu déduire, montent à   37,103 l. 5 f. » d.

L'attribution d'un pour cent allouée aux divers Receveurs, monte à . . .   9,626   7   9

Total à déduire . 46,729 l. 12 f. 9 d. ci. 46,729 12 9

Reste net de perçu . . . . 958,641 l. 6 f. 3 d.

Les droits d'un pour cent d'entrée & de sortie, & de 50 livres de poudre, perçus depuis le mois de Mai 1786, jusqu'au 31 Décembre suivant, dans tous les Départemens, montent à 116,179 19 11

Sur laquelle somme il a été prélevé, pour compléter le million d'Imposition, celle de   41,358 13 9 ci . 41,358 13 9

Reste applicable à la construction des Ponts, conformément à la dépêche du Ministre, du 7 Septembre 1787.   74,821 6 2

Million complet pour l'Imposition . . 1,000,000

Certifié véritable, à la Basse-Terre Guadeloupe, le premier Janvier 1788. *Signé* Breckvelt.

I

IMPOSITION de 1787.

L E Rôle de la Capitation & des droits fur les Maifons, pour l'année 1787, a monté à . . . . . 986,886 l. » f. » d.

Sur quoi il a été perçu jufqu'à ce jour . 632,057 10 »

Refte à percevoir . . . . 354,822 l. 10 f. » d.

A laquelle fomme il faudra ajouter celle de 13,120 liv. pour compléter le million, & celle d'environ 10,000 liv. pour l'attribution des Receveurs, enfemble . . . . 23,120 » »

Ainfi le déficit fur l'Impôt de 1787. Eft à ce jour de . . . . . 377,942 l. 10 f. » d.

Le droit d'un pour cent, tant à l'entrée qu'à la fortie, perçu depuis le premier Janvier, monte, fuivant les états fournis par les différens Receveurs, à la fomme de . . 248,848 l. 2 f. 9 d.

Certifié véritable, à la Baffe-Terre Guadeloupe, le premier Janvier 1788. *Signé* BRECKVELT.

TABLEAU de l'Impofition de l'Année mil fepr cent quatre-vingt-fept.

NOMS DES		MONTANT DE		
RECEVEURS.	Départemens.	L'Impofition de chaque Département.	la recette faite dans chaque Département.	Refte dû dans chaque Département.
		l. f. d.	l. f. d.	l. f. d.
Breckvelt de la Rive, .	Baffe-Terre, .	235,928 18	176,995 3	58,933 15
Merlande, ...	Petit Bourg, .	80,759 4	36,919 17 4	43,839 6 8
Dufrefche.	Pointe-à-Pitre ,	176,204 2	76,895	99,309 2
Coquille Valoncourt, .	Sainte-Anne , .	82,716	57,011	25,705
Néron Boisjolan , . .	Saint-François,	42,608	39,887	2,721
D'Eymar, ...	Le Moulle , .	73,563	55,606 10	17,956 10
Debort, ...	Port-Louis, .	127,579 10	78,234	49,345 10
Arnaud, ...	Sainte-Rofe, .	64,119	18,650	45,469
Redaud, ...	Pointe-Noire, .	12,651 18	9,053 13 4	3.598 4 8
Rabès, ...	Les Saintes, .	4,215	2,005	2,210
De Briel, . . .	Marie-Galante,	83,213 8	79,300 6 4	3,913 1 8
Lalanne, ...	La Défirade, .	3,322	1,500	1,822
TOTAUX...		986,880 l.	632,057 10	354,822 10

Certifié l'Etat ci-deffus conforme à la Répartition Générale faite au Bureau de la Direction du Domaine, & aux Recettes faites dans les différens Départemens, d'où il réfulte qu'il refte encore à percevoir, au premier Janvier 1788 , la fomme de *trois cent, cinquante-quatre mille, huit cent, vingt-deux livres, dix fols,* fur laquelle il eft évident qu'il y aura beaucoup de non-valeurs, après les coups de vent furvenus pendant l'hivernage, & le laps de temps écoulé depuis que l'on a commencé la Recette.

Baffe-Terre le premier Janvier 1788. *Signé* BRECKVELT.

ÉTAT Général des Droits d'entrée, de 5o livres de poudre & de fortie, perçus à la Guadeloupe & Dépendances, pendant l'Année 1787.

SAVOIR :

DÉPARTEMENS.	DROITS	
	D'un pour cent d'entrée & de 5o liv. de poudre.	D'un pour cent de fortie.
Baſſe-Terre, ...	14,522 l. 9 ſ. 10 d.	50,361 l. 10 ſ. 2 d.
Pointe-à-Pitre, ...	29,479 1 4	103,690 5 7
Petit Bourg, ...		478 16 7
Sainte-Anne, ...		11,608 7 7
Saint-François, ...		6,270 14 8
Le Moülle, ...		4,721 8
Port-Louis, ...		1,383 2 3
Marie-Galante, ...		26,332 6 9
TOTAUX.	44,001 l. 11 ſ. 2 d.	204,846 l. 11 ſ. 7 d.

SOMMAIRE.

Les Droits d'entrée d'un pour cent & de 5o livres de poudre,
montent à . . . . 44,001 l. 11 ſ. 2 d.
Ceux *idem*, de fortie, à . . . . 204,846 l. 11 ſ. 7 d.

TOTAL. . . . . 248,848 l. 2 ſ. 9 d.

Nous Receveur-Général du Domaine à la Guadeloupe & Dépendances, certifions le préſent Etat véritable & conforme à ceux qui nous ont été envoyés par les Rece-veurs Particuliers, montant enſemble à la ſomme de *deux cent, quarante-huit mille, huit cent, quarante-huit livres, deux ſols, neuf deniers.*

A la Baſſe-Terre Guadeloupe, le premier Janvier 1788. *Signé* BRECKVELT.

LA GUADELOUPE.

RELEVÉ des Rôles généraux de Capitation des Années 1785, 1786 & 1787.

SAVOIR;

ANNÉES.	QUANTITÉ DE NEGRES				Quantité de Gens de Couleurs.	TOTAL.	Augmentations.
	SUCRIERS.	CAFÉYERS.	COTONIERS.	DES BOURGS.			
1785	21,509	16,377	6,043	3,810	615	48,354	»
1786	21,330	16,517	9,649	4,425	699	52,620	4,266
1787	23,225	16,663	8,176	6,654	824	55,542	2,922

Certifié véritable à la Baffe-Terre Guadeloupe, le 31 Décembre 1787. *Signé* DOURNAUX.